中华中医昆仑

何世英学术评传

张镜源◎主编

中国盲文出版社

图书在版编目（CIP）数据

何世英学术评传（大字版）/ 张镜源主编. —北京：中国盲文出版社，2015.12
（中华中医昆仑）
ISBN 978-7-5002-6765-2

Ⅰ. ①何… Ⅱ. ①张… Ⅲ. ①何世英（1912～1990）—评传 Ⅳ. ①K826.2

中国版本图书馆 CIP 数据核字（2015）第 313669 号

何世英学术评传

主　　编：张镜源
责任编辑：顾　盛
出版发行：中国盲文出版社
社　　址：北京市西城区太平街甲 6 号
邮政编码：100050
印　　刷：北京华联印刷有限公司
经　　销：新华书店
开　　本：700×1000　1/16
字　　数：42 千字
印　　张：6.75
版　　次：2015 年 12 月第 1 版　2015 年 12 月第 1 次印刷
书　　号：ISBN 978-7-5002-6765-2/K·407
定　　价：12.00 元
销售服务热线：（010）83190297　83190289　83190292

丛书编委会

前　言

中医药是中华民族的伟大创造，是世界医学宝库中的夺目瑰宝，数千年来为中华民族的繁衍昌盛作出了巨大的不可磨灭的贡献，至今仍是中国医药卫生事业不可分割的重要组成部分，在维护民族体魄康健、促进经济社会发展中发挥着不可替代的作用。

中医药学，是中华传统文化和科技文明的结晶，是勤劳聪慧的中华儿女在几千年生产生活实践中，在与疾病作斗争的过程中，创造的独具特色的医学科学体系。它有着浓郁的民族特色、深厚的文化底蕴和丰富的哲学内涵。经过一代又一代中医药传人、一辈又一辈名医大家的实践探索、薪火传承、总结完善、创新发展，逐步形成了系统的理论体系、独特的诊疗方法、丰富的医学内容、实用的制药技术。具有疗效确切、用药安全、应诊灵活、普适简廉和预防保健作用显著的巨大优势，在世界医学之林独树一帜，为人类的文明进步与医疗保健事业，已经并正在作出积极的贡献。

为了弘扬中华民族传统文化，彰显中医药学家的丰功伟绩，当代中医药发展研究中心与中国文学艺术界联合会、国家中医药管理局新闻办公室、中华中医药学会、中国中医科学院、北京中医药大学、世界中医药学会联合会等精诚合作，在国家中医药管理局的支持和指导下，为中华近现代百年来贡献卓著、深受敬仰的150位中医药学家，编撰出版了这部大型传记丛书。丛书采用评传体裁，记载他们的生平事迹、医术专长、学术思想、传承教育、医风医德、养生之道和突出贡献，使这些宝贵的医学成就和精神财富发扬光大，千古流芳。

丛书取名《中华中医昆仑》。昆仑山，被尊为“万山之祖”，柱西北而瞰东南，立中国而凭世界，凌驾乾坤，巍然屹立。以其高峻豪迈、绵延起伏的磅礴气势，寓意中华中医药学历史悠久、博大精深和永不衰竭；以其挺拔雄伟、高耸入云的恢弘气魄，彪炳一代中医药学家的丰功伟绩、杰出贡献和不朽勋业。

丛书入选传主，从全国范围推荐遴选，遍及中医药界各个领域。有临床家、理论家、药学家、教育家、医史文献学家；有名师亲授、世医家教、学派传人、院校毕业和自学成才者；有师徒并驾、父子齐名和伉俪联袂者。他们学术造诣深厚、诊疗技术精湛、临床经验丰富、学科地位崇高、科研成果丰硕、医风医德高尚、国内外影响较大，从医学理论到临床实践，为中医药事业的传承和发展作出了突出贡献，是近现代百年来中华中医药界的杰出代表。

丛书的出版，对于弘扬中华文化，振兴中医药事业，造就中医药人才，普及中医药知识，具有重要的现实意义和深远的历史意义。这是一项开创性工作，填补了我国为著名中医药学家大规模撰写传记的空白；也是一项抢救性工作，因入选传主已仙逝过半，许多亲历、亲见、亲闻的史料日见散逸，将之收集整理、编撰成书，功垂后世、利国利民；更是一项承前启后的工作，总结传主经验，传承中医药伟业，继往开来，光耀世界医学之林。这部医文结合，富蕴历史性、学术性、文学性和实用性的鸿篇巨制，对医疗、卫生、科研、教育及全球关注中华中医药文化的各界人士，都有重要的参考和阅读价值。

丛书的编撰出版，是一项巨大的中医药文

化建设工程，在策划、撰写、编辑、出版过程中，自始至终得到了国家有关领导、政府部门及社会各界人士的关心和支持。国家中医药管理局高度重视，并组织专家对全书进行终审；数百名专家、学者亲临指导，参与规划；有关省、市、自治区卫生厅、局、中医局（处）给予大力帮助；传主及其亲属、弟子热情支持、密切配合；撰稿人深情满怀、辛勤笔耕；编审专家尽心竭力、精工细琢；关爱中医药事业的企业家热心公益、慷慨资助；全体工作人员不辞辛劳、无私奉献，这一切使丛书得以顺利出版。对此，我们深表谢意。

由于时间紧迫和资料搜集困难，加之水平有限，难免有疏误之处，敬请广大读者批评指正。

中华中医药学，历史悠久，源远流长，发端于远古，奔向于未来。百年对于历史，不过是短暂的瞬间；百人对于万众，不过是沧海一粟。然本丛书所记载的百年百人，则无疑是波澜壮阔的中医药发展史上辉煌的篇章和光芒闪烁的璀璨星辰。

张镜源

目录

我认为，在走向未来我国新医药学之前，中医和西医都要大发展，都要现代化。没有中西医的现代化，谈不上中西医的真正结合，更谈不上发展成为新医药学。

所谓“新医药学”应是中医、西医两大生物医学体系，从开始自然渗透到未来高度融合所形成的具有中国特色的新医学体系。这一新医药学体系的形成和发展，不仅造福于中国一个国家、一个民族，而且是对世界医学乃至全人类的贡献，是中国医学界一代人甚或几代人神圣的使命，是一项远非子承父业、一门一户、一省一地所能完成的光荣而艰巨的大事业。

——何世英

何世英（1912—1990），天津市人，我国当代著名中医临床家、中医理论家、教育家和中医脑病新学科创始人。1936 年毕业于华北国医学院，为施今墨先生高足。行医、著书立说 50 余载。曾任天津市儿童医院中医科主任、天津市中医医院总顾问、中华医学会理事、中华全国中医学会理事、中华全国中医学会脑病学组组长、天津市中医学会会长、天津市卫生局咨询委员会副主任委员、天津市医药管理局顾问委员会副主任委员、天津市经济开发区国际医学培训中心主任、《天津中医》杂志主编、天津市科学技术协会常委、天津市政协第五、六、七届委员、天津市政协常委、农工民主党天津市委员会顾问。

何世英在学术上一贯主张传统中医与现代医学相结合，继承与发展相结合，理论与实践相结合。在长期临床中，先为大方脉，继则专事儿科30年，晚年专攻脑病。对儿科常见病、多发病及脑内科疾患有丰富的经验。除发表过大量论文外，主要著作有：《儿科疾病》、《何世英儿科医案》、《医论选读》、《历代儿科医案集成》、《重订幼科类萃》等。

在从事儿科医疗实践期间，曾创制"清降丸"、"肺闭宁"、"磨积片"、"疏表灵"、"咳而安"等新剂型成药，对儿科常见多发病疗效显著，国内很多医疗单位照方配制，推广应用。后来首创中医脑病科后，全国不少地区相继建立中医脑内科、神志科、神经科、精神病科等，使中医脑病学逐渐成为中医的一门新兴独立学科。

遇恩师　学中医

何世英祖籍江苏，原是个书香门第的大户，也是个名医辈出的家族。光绪庚子年间，八国联军侵略中国，天下大乱，遍地“匪患”，民不聊生。何世英的爷爷“逃反”（躲避“匪患”）辗转到了天津。刚进天津，就被俄租界“老毛子”（俄国兵）抓住，四个人一组，四条大辫子往一起一捆，带到俄租界的工地上，开始了挖沟、打地基、盖房子的苦役生涯，从此家境一贫如洗。何世英的父亲跟着父辈们学徒做了搭棚小伙计，在大户人家红白喜事时，扎棚搭架，爬上爬下，挣钱很辛苦。有活干时，勉强度日；没事时分钱无收，经常是有上顿没下顿，饱一顿饥一顿的，哪有富余钱供孩子读书？何世英读了几年私塾后只好辍学在家。但他生性好学，经常跑到学堂外偷听，回来就在地上练习写字。有时忍饥挨饿攒下几个钱，全都用在旧书摊上买廉价的破旧图书了。由于家境贫寒，十六七岁时，何世英就开始在社会上谋生。除了在天津，还曾漂泊四方，先后闯荡到山东、湖南、贵阳等地，扛过“大个儿”，拉过“胶皮”，摆过卦摊儿、做过报馆校对员等，五行八作几乎都干过。一路上，军阀混战、满目疮痍的景象，使他产生了“从军救国”的念头。18 岁那年，何世英流离到沈阳，投奔了当时国民党在东北成立的“讲武堂”。不巧，一个学期不到，接到家中报信：奶奶病危。何世英是家中的独苗，又是个大孝子，明知“讲武堂”的规矩森严，还是打了报告请假回家探望。因请假不准，于是偷偷逃跑。夜间被抓回来，当做“逃兵”绑在亭柱上惨遭毒打。不久，东北“讲武堂”解散，何世英得以回到天津。到家后，奶奶去世已有时日，父母也是贫病交加，无奈之下，只好再寻出路。这时，幸遇津门名医陈泽东先生，见何世英聪明好学，遂收其为徒，一边让其跟随抄方，一边辅导其学习中医经典。何世英得名师指点，如饥似渴地通读《黄帝内经》、《伤寒论》、《金匮要略》等经典著作，还下工夫将《濒湖脉诀》、《药性赋》、《本草备要》、《汤头歌诀》等医书倒背如流。正在这时，恰巧一个亲戚要到北平华北国医学院上学，需要一个书童陪伴前往照料生活起居。何世英遂顶差陪同前往。

华北国医学院是京城"四大名医"之一施今墨创办的，当时招的是中医大学生，相当一部分是从天津来的富家子弟，后来天津市的名老中医基本都是这一届的学生。到了北平后，何世英除了照顾亲戚生活起居外，每天送他到学校后就躲在学堂的窗外偷听。偶然有一次，施今墨路过，看到有个年轻人在门外专心致志地听讲，连旁边有人都不理会，甚为奇怪，将他叫到办公室，问道："你站在外面都听到什么？"何世英镇定自若，将中医经典《汤头歌诀》、《伤寒论》等一些章节朗朗背出。施先生又出了个简单的题目，让他对症开个药方。何世英毫不迟疑，随手拈来。一个对症的药方加上一手好字，令施先生惊诧不已，说："你明天不要站在外面了，给你添个凳子坐下来听。"这一偶然的邂逅，成为何世英一生命运的重大转折。

一位名人曾经说过：历史往往跟人开这样的玩笑，本来想走进这一个房间，却偏偏发现走进了另一个房间。命运没有让何世英走上从军报国的道路，而施今墨给他一个板凳却让他进入了中医的殿堂。从那一天开始，"不做良相，便做良医"的想法在何世英的脑海中挥之不去，学习几近到了疯狂的地步。何世英白天上课都是竖起耳朵听讲，笔记记得十分认真。每天下午下课后，他不是到旧书摊上去找书，就是跑到西四牌楼一带，先在街旁的小食摊上吃顿简单的晚饭，然后就到北海旁的国立图书馆看书，一直到闭馆。阅读的书籍，除中医典籍外，还大量浏览西医、西药、解剖学书籍，3年下来，他做了百余本的笔记，密密麻麻的小楷，笔迹娟秀，内容浩繁，令人叹为观止。

由于施今墨的特殊关照，学期终了的考试都破例让何世英参加，他的成绩也每每名列前茅，深得施先生的喜爱和器重，每每出诊都将何世英带在身边。何世英不仅从恩师那里得到亲传和秘籍，还深受恩师为人豁达、思维开阔、治医严谨、处方精妙的影响，为日后成为出类拔萃的杏林中人奠定了基础。第三学年时，天津市官府举行中医师资格会考，天津市有近千名从医和在学的人员报名，经资格甄选500人取得正式考试资格，何世英也在其中。会考结果在报纸上公布，何世英高居榜首，像中第的状元披红戴花随官府组织的仪仗队沿着“绿牌电车”道（今和平区滨江道）一路走来，鞭炮齐鸣，锣鼓喧天，领队的人将一块蓝底白字硕大的牌匾送到家中，上书：“天津市中医师考试第一名何世英 天津市国民政府赠匾 民国廿三年”。会考过后回到北平，施今墨闻听喜出望外，将何世英叫到跟前，说：“你通过了政府的中医师资格会考，就有了行医资格。论你现在的情况，不如挂牌行医，取得实际经验可能更重要。碰到问题可随时写信来问我。边干边学，边学边干，我看你将来必有大出息！”何世英为了赡养父母，听了恩师的话，回津开始了悬壶生涯。到华北国医学院那一届学生毕业时，他已经行医一年了。学期结束时，施今墨惜才甚切，专门让人带信儿给何世英，让他务必回京参加毕业考试。何世英不负众望，又以第一名的优异成绩获取毕业证书。他的父亲没想到儿子在家境十分困顿的情况下出息成人，大喜过望，在经常去的龙泉浴池烫澡时，总是要喊上几嗓子："我儿子叫何世英!"嗓门之大，震惊四座。直到中华人民共和国成立后，何世英的晚辈们去龙泉浴池洗澡时，老师傅们还津津乐道地提起这段往事。

入杏林　多历练

何世英开始行医，是在一家中药铺里坐堂。当时跟许多初行此道的人一样，他心里空落落的，看病没有什么把握。可就在此时，相继来了3位疑难病人，更着实让这个“初试牛刀”的年轻医生体会到：行医路上，真真“如履薄冰”的感觉。

第一次看病就遇上一个心肌梗死的患者。病人来诊时行走自若，只是稍感胸闷，精神比较紧张，当时诊脉后并未发现什么特殊情况，谁知病人回家后，药还没煎，即突然死亡。当何世英得知患者死亡时，吃惊不小，直到听说患者尚未服药，心情才稍稍放松下来。

第二个病人是个已濒临垂危的晚期肺结核患者，当时某位名老中医特向家属推荐，请何世英出诊，目的是想考验一下这个后生之辈的医术。何世英只出诊一次，患者则再未回头。后来得知事情原委后，何世英感到很是羞愧。

第三位病人是个精神疾病患者，已患病5年，症见经常嗝气，两手必须垂放，不能贴身和接触外物，触即打嗝。患者面色㿠白虚肿，食欲不振，身软无力，精神抑郁悲观，自谓必死。遍历全市中西医，治皆无效。何世英先后予以疏肝理脾、调气降逆之剂治疗十余日，也毫无效果。

这三位病人给了何世英很大压力，甚至使他产生了悔不该当初学医的念头，但同时也使何世英想起了《东莱博弈》中“楚人操舟”的一段故事。做事假若开头就逢顺风顺水，倒会产生轻敌思想，说不定还会招致身败名裂。只有正确对待挫折和战胜困难，才有可能提高技术水平。

何世英仔细观察、认真分析了第三位患者的病情，联想到朱丹溪“宜以人事为之，非单纯药石所能全治”之语，决定停开药方，改为心理治疗。他发现病人每次打嗝必先躬身低头，如果病人能够避免躬身低头，则打嗝有可能控制住。他首先对病人解释不开药方的原因及本病预后良好的道理，然后要求病人尽量克制躬身低头的习惯，鼓足勇气，挺胸抬头，以坚强的毅力和精神与疾病作斗争。试做一次，病人立感憋闷，痛苦难忍。何世英鼓励他继续试做，并再三对病人讲：“意志坚强与否，是决定这一痼疾能不能痊愈的关键。如努力为之，虽五年之病，旦夕可瘥。”经过病人自己的努力，坚持了两天，打嗝基本停止，面容及精神也明显好转。后来遇到心情不快，间或又有发作，但终以意志控制，而获痊愈。这一病人的治疗结果，给了何世英极大的鼓舞，为他以后努力提高技术、积极解决疑难病症增添了勇气。

那时，何世英特别同情家境贫寒的人，凡是穷人，看病不收费。病人没钱买药，何世英就替病人家属交钱，还时不时地去看望这些穷病人。这些病人里，有沿街讨饭的乞丐，有遭老板毒打的小伙计，有生活潦倒痛不欲生的大爷、大娘，有拉“胶皮”积劳成疾的人力车夫，有被麻包压垮筋骨的“六号门”工人，有从郊区来的面黄肌瘦的农民……何世英在回首往事的时候，深情地说：“别看这些穷人们看病交不起钱，可我从他们的身上认识了许多病症，积累了大量的经验，这是花钱也学不到的。因此，我要感谢这些穷人，没有他们，也就没有我何世英的今天！”

一次，一个大户人家差人前来求医。何世英上门的时候，病人已经穿上寿衣，躺在停尸板上，准备一旦咽气就入殓了。何世英看过后，跟家属商量说：“该请到的大夫都请到了。老大夫看不好，我这年轻的大夫就更没底了，只能试一试。如果看好了，皆大欢喜；看不好，不要说我拿病人练手。一是责任担当不起，二是我何世英的名声坏了，一家老小的饭碗就给砸了！”在家人一再请求下，何世英开了三煎汤药。病人服药后，第二天睁眼了，第三天说话了，第四天脱掉寿衣从停尸板上走下来，径直到饭桌要吃饭。转天，报纸上登出一则新闻：“死马当活马医，何世英大夫妙手回春。”消息一传出，何世英名声大噪，不仅天津市的大户人家上门求医，连北京的达官显贵和清朝皇室的遗老遗少也纷至沓来。一时间门庭若市，接何世英的黄包车你来我往，摩肩接踵。有时门前停着好几辆来接的车，车夫们为争个先手，发生争吵是经常的事。

给这些显贵们看好了病，常常获赏一些古董之类的物品。在这些物品里，何世英最看重的是犀角杯，因为这将在他的方剂中派上大用场（犀角现已代用）。他当时特别关注小儿疾病，小儿疾病具有流行性强、爆发范围广的特点，单靠门诊只能解决极少数患儿的问题。对此，何世英自己研制小儿中成药，其中有一种叫做“扶儿神”的，治疗小儿感冒以及高热不退特别见效，几乎成为家家常备的药。药方中十几味中药里的君药就是用犀角杯磨的粉（犀角现已代用）。当时，何世英全家都跟着做药，家里几乎变成了前店后厂。前面客厅是门诊室，后院是做药的作坊。一家人切药、捣药、研磨、分装、包药、装盒，忙得不亦乐乎。何世英按照西药的包装方法，亲自设计了硬皮包装盒，盒上有“扶儿神”三个大字，中间是何世英六个儿子依次排成阶梯形的照片，旁边一则广告语：“何世英创儿科药，六个儿子保健康。”盒内有一页使用说明，上面有主治、用量、注意事项等，语言专业规范，通俗易懂，与当时的西药包装相比毫不逊色。家藏的犀角杯大部分用于这个药的制作了（犀角现已代用）。何世英打趣地说："向来英雄好汉是劫富济贫，我也是，不过我是'借富济贫'，借着给富人们看病，赚来的钱和物几乎都用在小药上了，让老百姓少花钱治大病。"

中华人民共和国成立之前，中医大夫的装束几乎都是长袍马褂，唯独何世英出诊时穿西服，扎领带，腋窝下还夹着一个洋皮包。这曾引起不小的议论，说他"不中不洋"、"不伦不类"。对此，何世英只是轻描淡写地说："西医进入中国后，中医大夫逐渐受到排挤，被人瞧不起，说中医'不科学'，中医大夫'自己都不讲卫生'，是'土医'、'卖草药的'，社会地位低下。我不服这个气。为什么？西医传入中国不过100年的历史，在此之前中华民族繁衍数千年始终是世界人口第一大群体，很大程度上得益于自己的中医。中医世代相传、千锤百炼、不断丰富，已经形成独具特色、博大精深的医学脉络，有太多西医不具备的长处。人家看不起中医，我们中医大夫不能看不起自己。但是，我们也应看到西医在理论体系、诊断方法和制药技术方面有许多长处值得我们中医学习。我穿一身西服革履出诊，不是追求时髦或是哗众取宠，而是要带头改变中医在人们眼里的形象，表明中医大夫是有尊严、讲体面的。同时，表明中医要现代化，不能一成不变，落后就要被排挤、被淘汰。”民国时期的天津《大公报》曾有一则新闻，醒目的标题就是：“为维护中医社会地位，何世英大夫仗义执言”。这可能反映了当时中医大夫受到排挤的形势相当严峻，逼迫众多中医大夫奋起抗争，并且不得不思考中医的出路问题，何世英是其中的一个代表。

中华人民共和国成立后，何世英亲身感受到国家变得蒸蒸日上，从一个支离破碎的国家变成了一个走向稳定、光明、日新月异的国家，为此，他精神异常振奋，带头成为天津中医界首批进入国营医院的私营中医大夫。从此，他将中医职业作为一项为社会服务和弘扬、发展祖国新医药学的事业来做，誓言鞠躬尽瘁、死而后已。

专儿科　显奇才

1956年，何世英参加了天津市儿童医院中医科的筹建工作。在没有先例可循的情况下，先是建立了我国最早的中医儿科，尔后又建立了国内首家中西医结合儿科病房。自此，以大方脉见长的他专注于儿科，以其高超的医技拯救了无数患儿的生命，解除了无数患儿的沉疴病痛，所谓神医妙手，实乃名不虚传。

早在华北国医学院就学时，学校聘请对儿科很有造诣、临床经验非常丰富的施今墨胞兄施光致讲述儿科，令何世英受益匪浅。创立天津市儿童医院中医科之后，何世英不仅置身于儿科常见病、多发病的繁忙诊务之中，而且还有机会通过病房工作和西医内外科的会诊工作接触到大量儿科急性传染病和疑难危重症，并多次参与中西医结合的儿科抢救工作。庞杂、疑难、棘手的医疗工作考验着何世英，锻炼着何世英，也显示着何世英的聪明才智。无数次与病魔惊心动魄的“战斗”中，何世英就像一名洞悉敌我、足智多谋的将军，指挥着中医中药这支“看似平常之军”，取得了一场又一场令人拍案叫绝的胜利。多少年之后，当尘埃已经落定，“战鼓”已息，重温何世英这些记录下来的“医案”，仍然令人心潮澎湃，热血沸腾，并且不由得要从内心为何世英，也为中医学而欢呼、喝彩。这里从其众多疗效卓著的病案中，撷取一则，以飨读者。

杨某，一岁半，十天前出麻疹，近四天来高热，抽风，项强，咳嗽，气喘，于 1959 年 3 月 31 日入院。经治疗咳喘好转，但仍发热。于 4 月 6 日清晨，突然神志昏迷，瞳孔散大，对光反射迟钝，呼吸浅，时有停顿现象，无明显发绀。请中医科会诊，查体见心率 160 次/分钟，心力尚可。两肺有散在湿性啰音，左侧较多。腹部稍胀。晨间有两次强直性痉挛，每次数分钟。口唇干裂，舌尖有红点，脉象弦数。印象：麻疹后肺炎，中毒性脑炎。辨证：疹毒未尽，复感外邪，引动肝风。

处方：局方至宝丹，每日两次，每次半丸。加服羚羊角粉 0.6g，犀角粉（现已代用）0.6g，合研。每日 4 次，每次 0.3g，用鼻饲法灌入。

4 月 7 日复诊：未见抽风，但仍昏迷，肺部体征同前，再进前药。

4 月 9 日复诊：体温正常，神志清醒，心肺未闻异常，但瞳孔仍稍大，反应差，似无视觉。证为病后伤阴，肝木失荣。停服局方至宝丹、羚羊角粉、犀角粉（现已代用），改予养肝明目法。

处方：石斛夜光丸 18.8g，分 12 包，日 2 次，每次 1 包。

4 月 14 日复诊：自服石斛夜光丸后，视力恢复很快，远距离能看见，近看较差。瞳孔对光反射左侧接近正常，右侧迟钝。脉象转缓。肝木得荣，阴分渐复，证势好转。再进石斛夜光丸。

4 月 24 日复诊：一般情况好，视力远近距离均能看见。停用中药，准备出院。

30 多年的儿科临床，何世英治疗的患儿病种繁多，其中既涉及流行性感冒、麻疹、痢疾、水痘、传染性肝炎、白喉、急性传染性多发性神经根炎、流行性乙型脑炎等多种急性传染病，同时也涵盖了重型肺炎、新生儿肺炎、肺脓疡、中毒性消化不良、胃黏膜脱垂、消化道出血、慢性肝炎、肝胆系统感染、肝昏迷、肠蛔虫病、肠绦虫病、急性肾炎、尿毒症、肾病综合征、泌尿系感染、病毒性心肌炎、风湿性心脏病、再生障碍性贫血、白血病、血小板减少性紫癜、过敏性紫癜、过敏性紫癜性肾炎、神经性头痛、颜面神经麻痹、癫痫、大脑发育不良、脑积水、中毒性脑病、化脓性脑膜炎、顽固性失眠、湿疹、荨麻疹、过敏性唇炎、烫伤、系统性红斑狼疮、硬肿症、脓毒败血症、类风湿合并败血症、遗尿、尿崩症、先天性巨结肠症、嗜伊红细胞肉芽肿、发热待查、小儿夏季热等近50种内外科疑难危重病症。这些令人望而却步的急、危、难、重之症，在何世英缜密辨证、深谙病机、切症选药的治疗中，往往是沉疴顿起，快捷取效。这种案例，不胜枚举。

何世英的六子何其行在天津一中上学时，有一个名叫徐双星的同学，直到现在每每见面的时候，总还要提起其父何世英给他治好多年哮喘的事。他说："你父亲太神了，八分钱的小药，吃了两个礼拜，病就彻底好了。"还有一次，何其行正在天津大学的操场上看足球比赛，旁边一位机械系姓陈的老师跟他聊闲天，当得知他的父亲是何世英时，一下抓住他的手，惊呼道：“我们全家可得感谢你父亲一辈子！”说着用手指着场上正在奔跑的一个壮壮实实的小伙子说：“那是我儿子。6岁那年，得了大脑炎，高烧40℃，持续好几天不退，医院去过了，有名的大夫也请过了，都摇头说没辙了。最后请到你父亲，让服安宫牛黄，六倍小儿的量，开始吓得我们不敢给孩子用。你父亲说：放心，出问题我负责。结果服下转天就退烧了。”说完，球赛也不看了，非要拉何其行去吃饭。像这样的事，何其行直到现在还每每会碰到。

小儿疑难杂症是何世英特别关切、甚为用心的，临证时，他经常会开出一些“出奇制胜”的药方。1968年秋季，有一位从新疆维吾尔自治区远道来津求医的患儿，家属口述：患儿史文学，13岁，早前得了癫痫，后来发展成一种怪病：不能听稍微大一点的声音，比如，一家人正在吃饭，有人将筷子突然撂到桌子上发出了声音，小孩即昏厥，一头栽到桌子上；房子里静静的，如果有人推门进来，门轴一响，患儿随即倒地昏厥过去，人事不知。如此之类，日复一日，越发频繁。曾经到各大医院、医学院，找知名大夫求医问药，几乎倾家荡产，但始终不见好转。来津前，小孩在一条小河沟边玩水，旁边的树林里乌鸦“呱”地一叫，小孩应声倒在河沟里。大人们找到的时候，嘴里塞满了泥沙，脸庞已青紫。将泥沙掏出来，小孩才呼出一口气得救。一家人抱头痛哭，情景凄惨。这时，有人建议他们到天津找何世英看。来到天津的时候，何世英正巧在武汉参加一个全国的学术讨论会，病人只好先到各大医院求治，得到的回答不是“鲁米那控制”就是干脆的“没治”。何世英回津后，听到病情陈述，认为特殊，特别安排患儿来他家中住下。诊病那天，何世英从询问病史、望诊、号脉、叩诊到开方，历经3小时之多。特别是开方时，何世英拾起了久违的香烟，一根接一根地抽，全神贯注于如何下药上。周围的人受到这一气氛的感染，都屏住呼吸静悄悄地等待，大气不敢出一口。何世英终于开出了一个药方，上有20多味药，尽是全蝎、蜈蚣、乌梢蛇之类五毒俱全的猛药，制成蜜丸，日服4粒，早晚各2粒，两星期的量，先观察效果，日后再做修改。

服药期间，何世英下班回来第一件事就是向孩子探问情况：感觉如何，胃口怎样，心里难受不难受，等等。起初，史文学还时不时地抽羊角风或是听声音摔倒在地，几天以后，日渐好转，发病频率见缓，程度见轻。一星期后，竟奇迹般地既不抽羊角风也不怕声音了。刚来的时候，鼻青脸肿，脑袋磕得像一个发面包，已经失去了人形，谁看到这个孩子时，都会联想到电影《夜半歌声》里半人半鬼的宋丹萍，让人既心疼又害怕。现在，肿胀开始消退，脸颊慢慢有了红润。当时正值“十年动乱”高潮时期，毛主席最新指示一发表，街上就开始敲锣打鼓地游行庆祝。史文学跟何家的孩子一起上街看热闹，震天响的口号声此起彼伏，看得非常开心——没事了！史文学一家人高兴得泪流满面，管何世英叫“救命恩人”。

何世英又给开了三个月的药量，制成蜜丸带回去，改为日服两粒，早晚各一粒。回家后三个月，史文学的病彻底痊愈了，长到 18 岁时，已经是一米八的大个子，在农场开上了拖拉机。后来，何世英在讲课时介绍了这一病例，通俗地说：“人在幼儿阶段神经系统发育不成熟，很脆弱，特别是在受惊吓时又突然受凉，很容易罹患神经系统疾患。这个孩子得的病俗称‘小癫痫’，表征比较罕见，也比较特殊。患病有比较强烈的诱因，是在河南老家节粮度荒时，小小年纪随父亲到生产队的地里偷苞谷，被队长发现，逃跑当中越过一个小河沟时，正巧队长大声一吼，小孩受到惊吓，失足掉到河沟里。受惊既狠受凉又甚，开始诱发羊角风，后来得不到及时医治，发展成小癫痫。从病理上来讲，小癫痫较一般癫痫更复杂，中枢神经系统发生病变的程度更深。声音信号一般时，刺激作用不大；当声音信号较大时，传导过程当中刺激了中枢神经，引起一过性失觉，造成四肢肌肉的麻痹，瘫痪跌倒就在所难免，一般几分钟后就会恢复正常。但是，久而久之会造成累积性外伤甚至意外窒息死亡，病儿和家属都会异常痛苦。对于这种病，单纯从中医的角度或是单纯从西医的角度出发，都会感到棘手，必须突破中医和西医的界限，将双方的优势结合起来，用西医解剖学、病理学和中医的辨证论治综合起来分析，再用中医擅长的药理学来对症下药，才能显现药到病除的效果。这个病例，我也不过是在这一思路上进行尝试和探索罢了，没想到会如此成功。其实，我一直在琢磨，一般癫痫也好、小癫痫也好，将来是否有可能通过外科手术的方式解决，再加上中医药调理，可能来得更快一些、效果更完美一些。有机会与西医界同仁探讨探讨。”

创方药　改剂型

在天津市儿童医院任职期间，为了提高中医科的整体治疗水平，也为了方便西学中的医师能够比较准确地使用中药，何世英先后研制了 27 种协定处方和固定用方，包括吹喉药、流行性乙型脑炎协定处方、消黄汤、新生儿肺炎协定处方、新生儿消化不良协定处方、肾炎协定处方、肾炎水肿方、肾病综合征协定处方、解毒清血汤、脑积水方、加味小陷胸汤、复血汤、硬肿汤、驱蛔汤、驱绦汤等。每个处方均包括药物组成、剂量、用法、服法、功能、主治及详尽方解，在《何世英儿科医案》一书中，配有每个方剂临床运用的典型病例，令研习者能看得懂、学得会、用得上。透过这一首首凝聚着何世英心血和汗水的方剂，我们看到的是一个充满着公心和仁心的精诚大医。

何世英在多年专注儿科工作后，发现了不少阻碍中医儿科发展的问题，其中他认为最为突出的是剂型问题。他发现儿童服用汤药有很多困难，特别是煎药问题，药量多，服用不便，药量少，达不到疗效，而且煎药过程中也容易烧干炭化，造成浪费。纵观历史，其实这一问题早就引起古代医家的重视。公元11世纪《小儿药证直诀》中所载132方，就有124方属于丸、散、膏、丹、药饼子等简便易服的剂型。何世英认为，这种传统的有效方法，是应该得到继承和发扬的。

在临床实践中，何世英发现有一些儿科古方和验方成药虽然流传下来，但因为年代久远，许多在组方上几经删改，疗效不专不佳。另外，当时所存的有限种类的成药也仅能治疗少数儿科病证，大部分儿科疾病缺少专门药物。为了解决这一问题，从 1960 年开始，何世英总结个人经验，筛选出疗效比较满意的儿科方剂，先后配制出清降丸、疏表散、清化丸、吹喉药、清肺丸、咳而安、化痰散、解痉散、肺闭宁、喘逐平、痼痛定、抗痫灵、回苏散、磨积片、增食丹、荡痢平、溃疡丸、疳积饼、胆郁通、消水灵、蟾蜍散、实肾丸、双效丸、凉荣丸、驱虫丸、蛲歼膏、除湿灵、接骨散、透脓散、烧伤药膏、平疝丸等儿科常用中成药达 31 种。这些儿科中成药，单纯剂型就有片、丸、糖颗粒、糖浆、水剂、散剂、软膏，治疗范围既涵盖一般儿科常见病，也包括某些儿科急性疑难危重病，使当时儿科临床治疗常见、多发，甚至疑难重症几乎都有专门的中成药。

何世英认为，配制成药的目的，固然是解决剂型问题，但更重要的还是要提高临床疗效。以最常见的急性扁桃腺炎来说，由于对抗生素敏感性的减弱，有些患儿往往服用西药多日不能解热而转看中医。何世英观察到患儿除了局部病变及全身的高热外，多数伴有口唇红、脐腹疼痛、大便秘结等症状，从多数舌红、苔薄黄、脉弦数来看，风热相搏，来势甚暴，其病机则里热偏重。据此，治以清热解毒、化瘀通便，服用成药“清降丸”后，患儿一般翌日或当日大便畅下，便后热退，局灶改善，炎症随之消退。其疗效明显较西药抗生素为优。当然，何世英在重视成药的同时，也对它的局限性有着清醒的认识。他曾反复强调，如果患儿病情复杂，无对症成药时，仍需要服用汤药，而绝不能强选成药、削足适履。

何世英认为，研制中成药不能想当然或是自欺欺人，是要付出心血和汗水的，否则，就会成为“江湖骗子”。他在研制中成药的过程中，都是经过认真的病理分析，然后进行反复试用、追访病人、系统观察、数据统计、制订标准等，成熟一个推出一个，绝不马虎。在20世纪六七十年代，电话和汽车对于中国百姓来说还像梦一样遥远，为了获取一个经治病患的信息，或者为了追访一个患儿的远期疗效，何世英常常是骑着自行车不辞辛苦地走街串巷，登门拜访。一个偌大的天津市，从河西到河北，从南开到红桥，不管多远，只要能够获得第一手资料，何世英总是不辞辛苦，亲临问询、查看，他从不愿意通过道听途说来获取患者治疗的信息。

有一次，正值八月酷暑，已经50多岁的何世英与科里的一位年轻医师一道骑车前往天津北站附近的一个患儿家中了解情况，一路上烈日当头，挥汗如雨，骑了近一个小时的自行车后，何世英干渴难耐，很想买根冰棍儿解解渴，凉快一下，可一摸兜里竟发现没有带够买冰棍儿的钱，二人无奈，只好在街边买了两杯淡茶，聊以解渴，然后就又上路了，直到找到病人家，了解了病情才返回医院。何世英这种严谨的科学态度给他的同事、弟子和学生们留下了深刻的印象，成为影响他们一生的宝贵的精神财富。

经过多年的探索和努力，何世英总结、撰写、发表了大量有关儿科中成药临床观察的学术文章，如：1964 年在《天津医药杂志》发表的《磨积散治疗小儿单纯性消化不良 208 例临床疗效观察》，1965 年在《中医杂志》发表的《胆郁通治疗小儿传染性肝炎的经验介绍》、《肺闭宁治疗婴儿喘嗽》、《儿科常见疾患新成药 15 种临床应用经验介绍》和《续儿科常见疾患新成药 15 种临床应用经验介绍》等。在《何世英儿科医案》一书中更是不乏一味或两味小小的中成药治愈儿科临床“大病”的案例，令人看后不禁对中成药的疗效连连称奇。

曾有这样一个病案：男童蒋某，12 岁，1964 年 4 月 30 日初诊。患儿自周岁起，患咳喘长期不愈。发作不分季节，每隔四五天，最多不过两个月，即发作一次。每次最短四五天，最多延续三个月之久。发作时每由一声咳呛，即发暴喘。三年来胸廓变形，右前胸下部凹陷，胸脊向右侧弯，胸透有肺气肿。经不断医治，最初尚能控制，近几年来诸药罔效，已停学年余。现又急性发作 14 天，来天津市儿童医院就诊。

检查：咽微赤，呼吸迫促。心脏未闻及异常，肺右前方呼吸音低，两肺尖部均有散在哮鸣音。腹软。舌苔薄白，脉象沉滑而缓。印象：支气管哮喘。辨证：肺气虚，痰饮喘嗽证。

处方：喘逐平 10 丸，一日 3 次，每次 3 丸（当时重量，每丸 3g）。

5 月 6 日复诊：3 天未喘，有时呛咳及寒冷刺激时也均未引起喘嗽，只是今晨感觉胸闷，痰多。继服喘逐平。

5 月 8 日复诊：胸闷消失，痰液减少。长期服喘逐平，每隔半月门诊复查一次。4 个月后未能坚持服药。

11 月 16 日复诊：患儿已经 7 个月未喘，于 8 月间复学，并参加了体育活动。现因感冒发热咽痒，引起了喘嗽发作，但不严重。仍给服喘逐平，两天后喘嗽止。1965 年 8 月追访，患儿一年来仅有两次感冒引起轻喘，均服喘逐平后迅速缓解。

临床观察中见证的一个个鲜活有效的案例，令何世英对中成药治疗小儿疾病充满信心。他开始进一步用现代医学的客观指标来验证自己创制的成药药效。1971 年 3 月，《天津医药通讯》报道了何世英做的有关“清降丸”临床研究的结果，其中包括“十二例咽炎、扁桃腺炎病儿服用清降丸前后的细菌培养结果”、“四十六例咽培养之细菌对药物的敏感试验结果”和“清降丸不同稀释度细菌敏感情况”三份资料。1971 年天津市儿童医院细菌室有关“清化丸”的实验报告也出来了，它们是：“十三株金黄色葡萄球菌对清化丸的敏感实验结果”、“二株绿脓杆菌对清化丸的敏感实验结果”、“十三株金黄色葡萄球菌对常用抗菌素的敏感实验结果”和“二株绿脓杆菌对常用抗菌素的敏感实验结果”。这些以现代科学方法取得的数据，印证了中成药的疗效，肯定了中医的科学性和实用性，对社会上一些怀疑和否定中医的观点是强有力的回击，这是当时一般中医大夫想做而没做到的。

何世英卓有成效的工作，给天津市儿童医院的诊疗用药体系和中西医结合工作带来了深远的影响。尤其是自制的中成药，成了院内治疗的“一大亮点”，全院上下、中西医莫不使用。尤其是中医科的医师们，都以何世英为榜样，在辨证论治的原则指导下，临床上尽量使用古方成药及本院自制的成药，只有当遇到复杂的病情以及不常见的疾患，成药不能适应时，才使用汤药。时至今日，中医科仍然沿用这一传统，当然，这一切均是建立在何世英创制的诸多适合临床、疗效卓著的中成药基础之上的。

何世英一贯提倡中成药要体现“精、便、廉、效”四个字，即：配伍求精，摈除繁杂重复；服用求便，适合患者特点；成本求廉，减轻家庭重负；重在疗效，快速解除患者痛苦。他认为，这四个字缺一不可，缺一个字都不是真心为人民服务，都不是一个真正的“良医”。多少年来，天津市儿童医院都是受何世英的这一思想影响，改良剂型、不断创新、制药为民、精益求精，使自己品牌的中成药久负盛名，赢得社会的好评和欢迎。直到今天，全国各地来此求医求药的患儿仍络绎不绝，尽管儿童医院制药厂生产规模不断扩大，但很多药物仍然供不应求。许多病儿家属说：“何世英的药，我们自己小时候得了病吃，儿女一辈儿吃，现在轮到孙子一辈儿还在吃。这药就是管用，还便宜，小药治大病。”

经时方　综合用

何世英在早期的临床工作中，比较侧重以六经辨证指导外感热病及其变证的治疗，疗效显著，深受患者好评。有一位男患者，30 岁。素有痰饮留伏的哮喘宿根，因受外邪而复发，半月不解。中西医药罔效，病势垂危，已准备后事。症见喘息鼻扇，张口抬肩，胸高气短，头汗如珠，面色发青，烦躁不安，舌苔白腻，两脉弦滑大而数，沉取无力。何世英据证论治，认为属痰气交阻，闭塞气道，邪盛正衰，肺气欲绝。乃以扶正降逆、定喘化痰之法，投麻杏石甘汤、葶苈大枣泻肺汤加重剂人参治之，药未尽剂而喘已定。

再如某老翁，初秋突发高热，日泻十余次，中西（日医）医共治疗三天均无好转，病势危殆，于是请何世英出诊。何世英见病人精神恍惚，烦躁气促，遍身炽热有汗，泻下褐色水液而恶臭，腹痛不著，纳呆不吐，溲少而赤，舌质红，苔黄腻，脉弦滑而数。当时诊为太阳阳明合病协热下利之表里证，以葛根黄芩黄连汤治之，一剂而瘥。

一老妇年近古稀，外感高热 4 天，热退匝月，日夜不能合眼瞬息，西药安眠、中药安神俱无效。烦躁，痛苦难堪。舌质光红而干，脉弦细而数。何世英辨证属少阴热化证，水火未济，而以黄连阿胶汤治之，一剂酣睡，再剂安眠。

还有一男性患者，50 岁。先发热 10 天，退热后 20 天不饮，不食，不语，仰卧，昏睡而不闭目，有时长出气，半月无大便，舌苔白腻遍布，两手俱无脉。中西医均拒绝治疗，已备好衾椁，等待气绝。何世英按邪热内陷、痰热郁结、阻滞中脘、气机痞塞论治，而予小陷胸汤原方。服后两小时，病人即能闭目深睡，减少了长出气。翌晨突然坐起，诉饥饿，索食物，家人反而惊惧，以为“回光返照”。疑惧稍定，姑与之食，见其食后又安睡，知其已有生望，于是由惧转喜，再邀复诊。何世英继续以小陷胸汤加玄明粉予之，翌日得畅便。由此神态自如，其病若失。

与诸多医家相似，初入医道的何世英体会到了经方的妙用，那就是经方用的得当，真的是“效如桴鼓”。但很快新的问题就出来了，在进一步的医疗实践中，何世英感到：囿于经方一隅是不能解决一切外感热病的。在某些情况下，必须用温病辨证及应用时方才能取得效果。

例如神昏一症，完全按照《伤寒论》胃家实处理是不符合实际的。又如《伤寒论·辨太阳病脉证并治》有“伤寒发汗，已解，半日许复烦，脉浮数者，可更发汗，宜桂枝汤。”而对于外感热病初期属于温病范畴者，依然坚持“一汗不解，可以再汗”的原则，则是错误的。再譬如临床许多感冒或猩红热的患者，首先有一个外感过程，症见自汗恶风，口干而渴，有的中医把这种温病按伤寒论治，予桂枝汤，服后劫阴动血，容易造成急性肾炎的表现：水肿、血尿，最终延误病机而造成恶果。正如《伤寒论·伤寒例》所云：“桂枝下咽，阳盛则毙。”更譬如流行性乙型脑炎，如以六经辨证，则只能受到阳明经病的局限，在把好流行性乙型脑炎三关（高热、惊厥、呼吸衰竭）中，即使对于高热的消退有效，而对于控制惊厥和呼吸衰竭则常显无力。何况流行性乙型脑炎在临床上常表现为暑温证和湿温证的不同类型。所有这些，都不是六经辨证所能指导，也不是单用经方所能解决的。

何世英开始意识到，由于历史的局限性，

《伤寒论》绝不可能概括万病，它的理法方药，也绝不可能完全适用于一切外感热病。一段时间的临床实践让他认识到，《伤寒论》与《温病条辨》虽均为外感热病所设，但二者既有区别，各具特点，又相互联系，密不可分。温病学说是在《伤寒论》的基础上发展起来的，先有《伤寒论》的六经辨证，后有温病学说的卫气营血及三焦辨证，二者是一脉相承的。但它们在某些方面又是有区别的。叶天士就曾说："盖伤寒之邪，留恋在表，然后化热入里。温邪则热变最速。"概括地说明了伤寒与温病在初期阶段的不同特点。中期阶段伤寒与温病均可出现半表半里及胃肠里热证，不同点是温病到了中期阶段，除可见胃肠里热的气分证外，还可出现中毒症状的营分证和邪入心包的热闭证。后期阶段也不尽相同。伤寒后期多有伤阳之证，温病后期则多见伤阴之证。

何世英在临证中逐渐体会到，伤寒与温病

针对的是外感热病的两大不同类型，每一类型包括若干病种，同一病种又可能在病程中出现不同的证候。只有在治疗中，将六经、三焦、卫气营血辨证密切地结合起来，只有根据具体病情，灵活掌握，合理运用这两种辨证方法，经方、时方不偏废，不存几百年来所谓的“寒温门户之见”，才能在外感热病的治疗上进出有方、游刃有余。

何世英在其后来的文章中就曾谈到：“我个人在早期临床时，虽然在经方上有所收获，但后来也常应用时方而收效。因此，我个人既不是经方派，更不是时方派，而是综合派。”

承师学　重发展

数十年间，施今墨一直将何世英视为自己最得意的门生，何世英则将施今墨视为自己一生的恩师和榜样。每每提到施今墨，何世英总是深情地说：“施今墨是我的恩师，没有他的关照和栽培，我可能枉活一生。他教导我有三句话，一是治病在救人，童叟不要欺；二是不要做‘杀人不用刀’的庸医，庸医害人不见血；三是中医不能守旧，要发展必须向西医学习。这三句话是我一生的座右铭，是我一生治医、治学和做人的准则。”施今墨生前几次来津，何世英听到消息后都主动登门拜访，一方面表达敬仰之情，另一方面继续向恩师学习。当时何世英身边的晚辈医师，有的不知如何称呼这位京都名医，何世英就笑着说："你们管他叫师爷就对了！"可见师徒二人感情之深。

施今墨治病，博采古今南北各家之长，遇有疑难之症，必参合医理，穷源溯流，深思巧构，疗效突出。其临床特点很多，外感内伤均有所擅长。例如对急性传染病，呼吸、消化、循环、泌尿系统疾病，特别对神经系统疾患，他均有独到之处。施今墨尤擅长妇科，特别注意调理气血，强调"气以帅血，理血必先理气"之旨。对功能性子宫出血、子宫脱垂、闭经、滑胎、妊娠恶阻、盆腔急慢性疾患等，疗效极为显著。施今墨处方，喜开"对药"，如厚朴花与代代花连用，大生地与大熟地连用，砂仁壳与豆蔻壳连用，苍术与白术连用等。用药剂量非常谨慎，麻黄均用蜜炙且分量极微，一般0.9～1.5g，很少用至3g。另外施今墨还常谆谆告诫慎用葛根，必要时以青蒿代之。

何世英深承师法，每获良效。但随着时间的推移，发病的环境条件以及药材资源、产地、药性强度等都在发生着变化，需要对药剂做出适应性调整，否则，一些经方、验方也会逐渐失去应有的效力。何世英在秉承师学的基础上，不断做出调整。例如：老师慎用葛根，而何世英则经常习用，并无副作用发生。老师对某些药物使用剂量甚微，而何世英则根据病情需要，往往超量应用始能奏效。又譬如老师用葶苈子经常不超过 1.5g，而何世英则用至 9g。另外何世英感到麻黄定喘，对急性呼吸道疾患虽小量亦效；但对于慢性者，墨守微量，往往无济于事。老师治疗头风证中的神经性头痛，喜用虫类平肝息风药，一般的头风病用地龙、僵蚕，稍重一些的用全蝎，特重的才用蜈蚣，而且用蜈蚣，每剂从未超过 1 条，何世英则根据病情需要，只要遇到头风病必用蜈蚣，并且每剂最多用至 16 条，效果显著，也无中毒反应。有一病例，很能说明这一点。

男患者宋某，31岁，某面粉厂工人。1956年2月15日初诊：头痛四周，阵发性，痛时剧烈难忍。一周前头痛突然昏倒，手足厥冷，当时由厂医送往某医院脑外科住院检查。医院考虑脑肿瘤，决定开颅探查。患者不同意手术，于术前一日自动出院来何世英处求诊。

当时患者精神紧张，头痛时额汗如珠，常有幻视，夜梦纷纭，不能酣睡。舌质暗红，苔少，脉象弦数。证属肝风上扰，头风重证。宜镇肝息风。

何世英开出处方：天麻9g，豨莶草9g，菊花9g，蒺藜9g，桑寄生15g，赭石18g，山慈菇9g，煅磁石30g，川黄连4.5g，龙胆草4.5g，蜈蚣3条，全蝎9g，水煎服。

上方加减服至2月28日，头痛好转，但头部有时有上撞感。睡眠时间略长，但梦多、幻视已轻，脉象弦数转缓。

改拟处方：紫石英 24g，煅磁石 30g，生龙齿 15g，赭石 15g，茺蔚子 15g，生石决明 30g，全蝎 9g，僵蚕 4.5g，龙胆草 4.5g，菊花 9g，地龙 9g，钩藤 9g，天麻 9g，豨莶草 9g，蜈蚣4 条。

从 2 月 28 日起，依上方加减服至 4 月 4 日。一个多月中，蜈蚣用量陆续增至 16 条，头痛全止。再服五六剂后逐步减量，一般情况仍好，乃停药观察。后到某医院脑外科复查，已无阳性体征，恢复工作。

何世英认为，在临床方面每个人经历不同，故有不同的经验积累，在认真继承师学的同时，也要注意博采众长，这样才能不断进步，有所发展。比如，何世英喜欢用葛根，就是得益于他的启蒙老师陈泽东。陈泽东以善用温燥药而闻名，里证动辄姜、附、桂，表证常用苏（苏叶代替麻黄）、葛、柴。何世英虽然后来投入施门，但对陈派用药已先入为主，且在其以后长期的临床体验中，他也愈发感到诸如葛根等温燥之药的太多妙用。因此，兼采各家之长，善于独立思考，推陈出新，这正是何世英的治学治医之道。

何世英在临床上，还非常重视中医民间经验方的使用，譬如对于某些流行性乙型脑炎的重症患者，当其昏迷惊厥等脑症严重而使用中药汤剂配合安宫牛黄丸、局方至宝丹等疗效不佳时，何世英曾采用天津王静齐治疗暑痉的经验方“回生散”治疗，竟然挽回了不少重笃患者的生命。反复应用后，何世英体会，“回生散”不但能够解除深度昏迷和惊厥，而且还能很快地制止剧烈头痛。再譬如对于尿潴留的患儿，何世英早年常常采用古人的经验“脐腹葱熨法”治疗，就是将麝香五厘放脐上，再以大葱一束炒热外敷，用后小便很快得以通利，不再潴留，屡试屡验。一生秉承着务实求真的精神，以一颗平等心对待一切有效的医术，绝不厚此薄彼，这就是何世英的为医做人之道。

何世英是个“敢为天下先”的人，他一生开创了很多个第一，而且他还一直在不断地设想着、开拓着。他用三七治愈尿毒症患儿后，依据中医对三七“止血不留瘀，祛瘀不伤血”功效的认识，提出三七是否能改善肾脏微循环，促进肾功能恢复的问题。他在用蟾蜍散治愈系统性红斑狼疮后，提出蟾蜍是否通过免疫抑制作用，控制狼疮病变，而促使其肾功能恢复的问题。他在用苏合香丸成功抢救不足一岁的中毒性痢疾患儿后，提出苏合香丸是否有增强心肺功能，改变微循环瘀血状况，防治急性弥散性血管内凝血，使其达到既灌又疏的效果的问题。他在应用“回生散”解救流行性乙型脑炎深度昏迷，剧烈头痛后，提出应当研究“回生散”药理作用的问题。诸如此类的发现、探索，伴随着何世英一生的从医之路，从青年到壮年再到老年，他从未停歇过披荆斩棘、开拓进取的脚步。

何世英师古但不泥古，敢于挑战前人的论断；何世英重视他人的观点，但也绝不人云亦云。所有这一切都源于他的求实精神，他更善于从实践中总结、发现和求真求是，绝不墨守成规。

譬如他提出小儿夏季热不一定局限于江南，在我国北方有的地方原本就有该病，并且近年似有从南方向北方扩展的趋势；他反对用“痛泻要方”治疗绿便，主张使用“一捻金”。他指出，小儿腹泻常有深绿或墨绿色大便，验便无异，体重不减。中医学儿科文献对深绿便的记载不多，而对腹泻大便色青的记载不少，称为“惊泻”或“肝泻”，常用“痛泻要方”。其实《内经》在五色与五脏取类比象中，只有青、赤、黄、白、黑，配合肝、心、脾、肺、肾，其中并无绿色。所以是后世牵强附会地把绿、青合二为一，故误以“痛泻要方”治疗绿便，致使其疗效并不满意，但很少有人纠正。何世英多年来用“一捻金”治疗该病，效果很好，解决了历来被人忽视的这一难题。

对于中医“温病忌汗”，何世英也提出了异议。他认为，不能说温邪完全不能从皮肤表层驱出，当温病初起，邪犹在表时，是可以用辛凉解肌的。吴鞠通《温病条辨》里的银翘散、桑菊饮就是温邪透表最典型的方剂。何世英进一步指出，这种解肌当是辛凉解肌。由于温病初起，属于“阳盛”，虽可解肌散热，但不能使用麻黄、桂枝一类的辛温药，因为辛温药会使阴液被劫、热益增高，故古人曾有“桂枝下咽，阳盛则毙”一语，是值得玩味的。譬如收治的流行性乙型脑炎病人，凡是属于“温邪初起，邪犹在卫”的，一般使用银翘桑菊合剂后大都身见潮汗，获得早期痊愈。

对热病下法的认识，何世英更是从实践中敢于总结，敢于挑战常人的论断。当时全国各地总结治疗流行性乙型脑炎的经验中，有主张在高热阶段忌通大便的，何世英认为这点实有深入研究的必要。他指出，温病初起，邪在卫分，当然不能通下，假使邪入中府，神昏谵语，大便燥结，舌生芒刺，或“热结旁流”，则往往需用通下法方能获得热撤神清。温病过程中所发生的脑症状，大都是“邪入心包”，通灵开窍，咸寒解热，如紫雪散、局方至宝丹、安宫牛黄丸等是治“邪入心包”最有效的药。如果运用了这一类的药，并不能达到预期的目的时，必须鉴别是否伴有“热入中府”的问题，假使有这样一个因素存在，应该考虑“釜底抽薪，通下撤热”，至少也应该在消除“邪入心包”的基础上，配合通下，方可奏效。临床上就是有一部分患者，在高热惊厥的情况下，发生便泄，便色黑褐如败酱，臭味刺鼻，根据“热结旁流”、“通因通用”的方法，反使大便整复。个别的患者经过一下未愈，再下三下后，始收功效，正如吴又可《温疫论》里所说："承气本为逐邪而设，非专为结粪而设，必俟其结粪，血液为热所搏，变证迭起，实乃养虎遗患，医之咎也。况多有溏粪失下，但蒸作极臭，如败酱或如藕泥，临死不结者，但得秽恶一去，邪毒从此而消，脉证从此而退。"王孟英所谓"邪有下行之路，腑气通则脏气安也"。因而，如何能"高热"而"忌通大便"？

何世英的探索，随着他工作在不断地深入着，他对于七味白术散扶助脾阳恢复肠胃升清降浊功能、补养脾阴纠正高度脱水作用的思考就很是发人深省。何世英发现，在宋代钱乙《小儿药证直诀》中载有："7 月 7 日后，吐泄……不能食乳，多似睡，闷乱，哽气，长出气，睡露睛。"这段描述，颇似泄泻引起了脱水代谢性酸中毒。又如明代万密斋《幼科发挥》中谓："小儿泄泻，大渴不止者，勿与汤水饮之，饮之则口愈渴而泄愈甚。宜生脾胃之津液，白术散主之。”还说：“渴只饮本方，一切汤水禁之勿与，则胃气上升，津液自升，泄泻止矣。”更说：“白术散乃治泄作渴神方。”可见万氏不但注意泄泻引起失水，而且在补水方面，还认识到给饮白开水不但不能止渴，反而加重口渴，这与现代医学对补充液体的看法基本是一致的。那么，如何结合脱水的病理，来研究七味白术散对泄泻病儿生津止渴作用的机制呢？

现代医学在小儿失水方面，如血钠低于130mg/L当量，认为是低渗性脱水。其症状表现颇与小儿泄泻变证的伤阳证相似。这时细胞外液渗向细胞内，使血容量更低，容易出现休克及肾功能受损，皮肤弹性极差，两眼及前囟内陷，但不出现口渴。血钠在130～150mg/L当量，为等渗性脱水。其症状表现颇与小儿泄泻阴阳两伤证相似。患儿稍口渴，精神倦怠，皮肤冷及弹性差，两眼及前囟下陷。血钠高于150mg/L当量，为高渗性脱水。其临床表现颇与小儿泄泻伤阴证相似。此时细胞内液渗向细胞外，而细胞内也失水。故表现为烦躁、发热、口渴，有时甚至惊厥（属急惊风证）。但皮肤弹性尚好，休克、肾功能受损症状较少发生。根据以上一般脱水标准来看，七味白术散主治泄泻口渴，有利于高渗、等渗脱水的修复。

七味白术散的治疗机制从中医来说，属于滋补脾胃之阴阳，生津以止渴。从现代医学来设想，整个方药是否含有与输液相近似的物质成分，或者是其他的功能作用？对于这个问题，何世英认为实有深入研究的必要。一般胃肠道外输液，仅在病儿不能进食或必须迅速纠正其耗损及不平衡状态时，方考虑使用。对于心肾功能不良的患儿，输液量更须慎重考虑。输液要有一定的条件和设备，故无论是补充小儿电解质、热量或营养，口服仍是最自然和最好的途径。这是现代医学所公认的。中医学的生津护阴法，如能防止体液的消失和通过机体的调节功能以维持电解质的平衡，就可以有利于减少胃肠道外输液。

何世英以上的设想完全来自儿科的实践，所以这样设想、这样探求是因为他知道，一旦这种设想能够被科学和新的实践加以检验和证实，则必将使中医在更大的范围与程度上造福于祖国的儿童。

年逾古稀的何世英，积其一生之历练和学识，再一次把他的开拓精神推上了一个新的高峰，他主张多学科理论研究中医，要发展心身医学、气象医学等新的研究领域，把人与自然、人与社会联系起来进行有机的辨证。在他离开我们之后20几年的今天，重温何世英的这些观点和设想时，我们发出的不仅仅是赞叹，还有对其“高屋建瓴”、“远见卓识”的折服。

何世英热爱中医，在弘扬中医的道路上从不停歇。他一生笔耕不辍，著述颇丰。他一生做过无数场中医学术报告，透过这些，我们看到的是一个毕生为中医事业而奋斗的勇士。既是勇士，就无所畏惧，何世英就是这样，他从不回避对中医发展的担忧，提意见、找问题、呈建议、指方向，对中医学愈爱之、愈忧之、愈疾呼之。

对于中医的现状，何世英提出了六大担忧，它们是：对党的中医政策能否真正贯彻的担忧；对很多人认识上尚未解决“中医学是否科学”的担忧；对中医后继乏人的担忧；对中医机构发展慢、条件差、病床少的担忧；对中西医结合这支力量还非常薄弱的担忧；对中药自然资源日渐减少的担忧。

何世英指出，中医儿科当前存在的最严重问题是没有接触急症和急性传染病的机会。像天津市儿童医院这样的综合性医院，门诊急症中医不能插手不说，由于未建立传染病科，平日既不收也不看急性传染病。中医儿科本来长于治疗麻疹，现在也看不到了，经验成了书本上的空谈。长此以往，确实要像有人指责的那样：中医不会治急证。通过各地中医治疗流行性乙型脑炎的成果，何世英还指出，发扬中医学不应只是偏重慢性疾病，应在急性病方面扩大研究范围，特别是传染病，因为中医对传染病有着极为丰富而多彩的治疗方法，不只限于流行性乙型脑炎。《伤寒论》和后世温病文献就是治疗急性传染病的宝库，而这个宝库是取之不尽、用之不竭的。

谈到中医兴衰存亡问题的解决办法，何世英发人深省地说道："中医的生存、中医的兴盛，有些是可以通过中医本身努力来实现的，而更多的问题则是体制问题，是执政者对中医的认识问题，靠中医本身是无能为力的。而正是这一点的突破和改进，从长远来看，才是关乎中医，包括中医儿科能不能长期存在的重大问题。"

老益壮　脑科创

“十年动乱”期间，何世英被打成“反动学术权威”，关进了“牛棚”。白天打扫医院的楼道、厕所、院落，晚上被关在一间小黑屋里。那一阶段，他情绪十分低落，曾产生过自杀的念头。幸好由于市政府不断有车将他接出来给来津的中央老同志看病，他才得以较早地被“解放”出来，幸免于难。“四人帮”被粉碎后，何世英抓紧一切时间整理自己的临床经验、藏书、资料和国外医学发展动态，并汇集编撰成册，站到天津中医学院和天津职工医学院的讲台上亲自授课，在医院的门诊、病房言传身教一批又一批的年轻实习生。这一时期，何世英已步入高龄，除了在医院应诊外，身兼社会职务达 27 个之多，还经常参加卫生部、卫生局政策方面的研讨会以及全国和地方性的学术会议，加上各地科委、学会不断邀请去做学术报告、讲学，这对于一个年近古稀的老人来说，其工作繁重程度可想而知。即使这样，他又开始了一个全新的征程，为中医学的发展开辟了一片全新的天地——中医脑病新学科。

由于一生中治愈了不少脑神经和精神疾患方面的疑难杂症，何世英晚年在担任天津市中医医院总顾问期间，于 1983 年创建了国内首家中医脑内科，亲自带领一个由中西医组成的团队，接待全国各地络绎不绝的患者，开始了中医脑病学的研究。从门诊到病房，从病案收集整理到教学的传、帮、带，处处都有他辛勤忙碌的身影。

在中医学的文献中，早就有对脑、髓等的记载，如《素问·五脏生成篇》云："岐伯对曰：脑、髓、骨、脉、胆、女子胞，此六者，地气之所生也，皆藏于阴而象于地，故藏而不泻。名曰奇恒之腑。”“诸髓者，皆属于脑。”“髓海不足，则脑转耳鸣。”历代医家治疗脑病，也已积累了极为丰富的经验。但根据中医理论体系中的脏腑学说，五脏为人体的核心，脑的生理功能和病理变化分属于五脏当中，脑这一奇恒之腑，居于从属地位。脑病的治疗亦从五脏论治。在 1985 年 6 月的《天津中医》上，何世英发表了《中医脑病专刊》的发刊词，在这篇发刊词中，何世英指出：“中医就是根据脑病从五脏论治这一整体出发，用来指导神经精神病的医疗实践，这种治疗方法是中医学的一大特色。”同时，他也指出：中医由于历史和技术手段的原因，长期以来很少打开和触及人体这个“黑箱”禁区，对人体微观的研究没有跟上时代前进的步伐，使中医脑病迟迟不能形成单独的学科和理论体系，影响了中医对脑病进行全面、深入、系统的研究以及临床治疗优势的发挥和提高。

何世英认为，搞中医脑病之初，首先要解决统一脑病病名的问题，而这就必然要涉及整个中医病名的问题。脑病若能沿用中医传统病名，那定是众望所归，但是因为中医脑病病名太少，有时又仅以病因病机或主症代替，所以临床辨证运用起来远远不够。因此，何世英主张对于中医脑病，可以暂时统一使用现代医学脑病的病名，必要时附以中医传统病名，以资参考。就此，何世英进一步指出，使用西医病名，并不会降低中医的学术价值，事实上，只有当我们运用中医的理论体系和治疗方法，解决了难以医治的病症时，中医学在脑病治疗中的作用才能得到真正的体现和肯定，也只有通过这样一种过渡，我们才能最终完善中医脑病的理论体系，包括形成一套完整的具有中医特色的脑病病名。

西医学里分脑内科和脑外科，中医学由于在某些方面的局限性，尚不能解决脑外科疾患，但是中医对于脑内科疾患，无论神经、精神病证都有着比较好的疗效。特别是对顽固性剧烈头痛、西药已无济于事的顽固性失眠，以及难以缓解的抽搐及不少精神疾患等等，中医药均有明显的止痛、安眠、解痉、益智、宁心的作用。何世英对脑内科疾病的辨证治疗有一套完整的施治方法，临床屡获良效。单以他对头风病的治疗为例，经过脑内科230例头风病患者一年多时间的追访初步小结后，发现总有效率达到93%，痊愈率达到41.3%。对于像脑病这样的重症顽病，何世英曾谈到他的治疗心得，那就是：只要按照中医的理论去悉心辨证论治，就会收到良好的效果。

以下是两则何世英当年在脑内科门诊的病案，个个痼疾顽症在他洞彻精到的辨证、巧妙灵活、丝丝入扣的用药中，化为乌有。这些真实的案例，让我们看到了中医治疗脑病的光明前景，也令我们对一代名医何世英的精湛医术由衷地感到佩服。

病案一　男性张某，32 岁。初诊：1983 年 7 月 19 日。主诉：患者于去年 6 月突然头痛，难以忍受，曾在部队医院住院治疗，服西药不见好转。经沈阳某总医院 CT 检查，考虑脑瘤，行开颅探查手术。术中发现不是脑瘤而是血肿（因先天性脑血管畸形出血后所致）。术后一般情况尚好，可进行体力活动，智力无异常。

6 月初，劳累后出现右侧肢体无力。7 月初，突然失语，右侧肢体不能活动，嘴向右歪，流口涎，经中西医药及针灸等治疗不见好转，反而加重，故来本院脑内科门诊就诊。

患者病前有高血压史四五年，血压 150～160/90～110mmHg。诊查：神清，表情淡漠，失语，鼻唇沟右侧变浅，口角向右侧歪斜，右上肢软瘫，不能抬起，也无握力。右下肢可以活动，但无力行走，需人搀扶。舌质暗淡，舌苔微黄腻，脉沉弦。辨证：肝阳上亢，风痰痹阻脉络，发为偏枯。治则：祛风通络，化瘀平肝。

处方：丹参 12g，桃仁 10g，茺蔚子 10g，钩藤 15g，地龙 12g，生石决明 30g，僵蚕 10g，豨莶草 12g，桑寄生 25g。6 剂。

二诊：7 月 25 日，服前药后，病情明显好转，已能说话，但不利落。下肢活动增强，可以自行走路，不用人搀扶。肌肉尚紧，伸舌仍向右歪。

处方：石菖蒲 10g，郁金 6g，桑寄生 30g，竹叶 10g，桃仁 10g，生石决明 30g，丹参 12g，僵蚕 10g，茺蔚子 15g，地龙 12g，钩藤 15g。6 剂。

三诊：7 月 28 日。前药只服 3 剂。近两天来多睡不醒，日夜如是，很少说话，纳差，不愿活动。舌苔转白腻，脉至迟数不匀。

处方：苦丁茶 5g，石菖蒲 6g，竹叶 10g，钩藤 15g，建曲 10g，陈皮 10g，僵蚕 10g，桃仁 10g，茺蔚子 15g，桑寄生 30g，合欢花 10g，郁金 5g。4 剂。

四诊：8 月 1 日。已不嗜睡，能说话但仍不利落，纳可，精神较好。

处方：荷梗 10g，苦丁茶 9g，石菖蒲 6g，竹叶 10g，钩藤 15g，建曲 10g，僵蚕 10g，桃仁 10g，茺蔚子 15g，桑寄生 30g，合欢花 10g，郁金 5g。6 剂。

五诊：8 月 8 日。症状明显好转，走路较前有力，行动方便，语言清楚，谈笑自若。右上肢能抬举过头顶，唯笑时仍见嘴向右歪，效不更方，原方药再服 6 剂，后又服 6 剂。

六诊：8 月 22 日。说话清楚，笑时嘴歪已经不明显，右上肢活动恢复正常，已有握力，能持重物。舌苔薄白，脉弦转缓。按原方加味，改配丸药常服，以期巩固。

病案二　女性患者冯某，43 岁。初诊：1983 年 6 月 30 日。主诉：因丧夫逐渐精神异常，意识反应迟钝，两腿活动无力，走路困难。开始生活尚能自理。近两年来，上述症状加重，意识有时模糊，缺乏思维能力，经常失眠，精神呆板，行为拙笨，语声低微不清，走路需人搀扶，否则常易摔倒，头部已有数处摔伤，上肢活动尚可，近两月下肢有轻度浮肿。诊查：伸舌颤动，仅能伸出舌尖，舌质润，苔薄白，脉弦缓无力，两手平伸震颤，纳呆，大便秘结。辨证：肝气郁结，肝风内动。治法：疏肝解郁，息风定志。

处方：合欢花 10g，夜交藤 15g，蒺藜 10g，竹茹 10g，竹叶 10g，莲子心 5g，生龙齿 15g，益智仁 10g，贝齿 15g，茯神 10g。7 剂。

二诊：7 月 7 日。服上药 7 剂，精神明显好转，有喜笑表情，答话较前稍迅速，且多准确，能安静睡眠，行走稍见利落，唯伸舌尚迟钝，舌及两手平伸震颤均减轻。仍继前法治之。

处方：合欢花 12g，夜交藤 20g，蒺藜 12g，竹茹 10g，竹叶 10g，莲子心 5g，生龙齿 15g，益智仁 10g，贝齿 20g，茯神 10g，石菖蒲 6g，陈皮 10g。6 剂。

三诊：7 月 14 日。精神、饮食、睡眠尚好，手颤益轻，下肢浮肿已消，活动较前灵活。照上方去竹叶，仍服 6 剂。

四诊：7 月 21 日。一般情况仍好，现已有说有笑，且语言较流利，原卧床不能翻身，现已能翻身活动。原方不变，再继续服药 6 剂。

五诊：7 月 28 日。对答自如，舌尖伸出较长，两手平伸已不再颤动，唯下肢活动尚感乏力。

处方：桑寄生 25g，怀牛膝 10g，合欢花 10g，夜交藤 15g，蒺藜 10g，莲子心 5g，益智仁 10g，贝齿 15g，茯神 10g，6 剂。

六诊：8 月 4 日。患者独自一人来诊。精神好，走路自如，已不感乏力，语言流利，伸舌自如，并已能做些家务活，偶尔尚有失眠，兹处下方善后以巩固疗效。

处方：桑寄生 25g，怀牛膝 10g，合欢花 10g，夜交藤 20g，蒺藜 10g，竹叶 10g，莲子心 5g，益智仁 10g，贝齿 15g，茯神 10g，酸枣仁 10g。

翻阅何世英生前组织编写的《中医脑病学》理论教材遗稿资料，内容广博而精深，从中医脑病的理论定义、涵括的范围、诊断标准、辨证分型、疗效判定、病例病案到参考索引的国内外资料，几乎面面俱到。他在著述中将现代医学已经从单纯的生物医学模式向生物—心理—社会医学模式转变这一新观点引入中医脑病学的研究，将脑内、神经、精神作为中医脑病学研究涵盖的范围，将中医对脑病从肝胆、从心肾论等的传统认识、治疗经验和西医脑组织解剖学、诊断学、药理学、精神病学、心理学结合起来所形成的新认识、新经验、新医药、新理论作为论述的主要内容，将“科学、求实、深入、严谨”的态度作为建立中医脑病学理论体系的立足点和基本要求。论述中指出，这一体系在中医史上是开创性的，在世界医学史上是中国独有的，从实践上看是具有强大生命力和发展前景的。何世英素来做事严谨，虽然在国内首创中医脑病专科，但不让学生弟子们过多地对外宣传，直到经过两年的临床实践验证了中医在治疗脑病方面具有巨大的优势，应当得到推广，造福于民、造福于子孙后代，始才认为“中医脑病学”作为一个新兴独立学科的条件基本成熟了，正式对外提出“中医脑病学”的概念。1985 年，《全国首届中医神经、精神病学术讨论会》在津召开，会上成立了中华全国中医学会中医脑病学组，何世英被推举为第一任组长。1989 年“第二届全国中医脑病学术讨论会”进一步肯定了“中医脑病”作为独立新学科的必要性，成立了中华全国中医学会脑病学术委员会，何世英被推举为主任委员。这两届学术会议后，“中医脑病学”作为新学科正式登上了中医学发展的历史舞台，成为中医药学的一朵奇葩。

中西合　一生梦

何世英曾经说过："清政府 200 年闭关自守，影响了中国自然科学与医学的发展。医学是社会科学与自然科学的综合体，中医的特色要保持，还必须发展。整体观念、辨证论治、灵活性强，这是中医学的基本特点，但中医缺乏定性、定量、时相等方面的客观指标以说明之，医学体系限于宏观，而患者个体情况不一，每个医生掌握中医理论和经验水平程度不一，感觉有所偏差，辨证结果就不一致，治疗则更有出入，因此，中医有待于用先进的现代科学技术加以研究，使之微观化、客观化。"

其实，何世英深受施今墨医学思想的影响，

早就有汇通中西医药之志。他始终认为中医应走中西医结合的道路，以西医之长，补中医之短。他主张中西医学熔于一炉，不能有门户之见。但是在以往的年代也只能是空想。中华人民共和国成立后，使他多年融贯中西医的想法真正变成了现实。为了中西医结合，他一路奔走着、尝试着、奋斗着、呼喊着，可以说，中西医结合是他一生的追求、一生的梦想。

在何世英看来，中西医是在不同的历史条件下，各自形成的不同的医学体系。两者各有所长，各有所短。他在医疗实践中真切地体会到有些中医的所长正是西医的所短；反过来，有些西医的所长，也正是中医的所短。何世英经常用临床事例来说明中西医取长补短、相互结合的必要性和重要性。譬如：急性肾炎的患儿，当其临床症状刚刚消失之时，中医常常认为病已痊愈，但岂知部分没有症状的患儿，其尿化验的指标可能并不正常，而正是这部分患儿就存在着临床症状再度出现，甚至发展为慢性肾炎的可能性，在这方面单凭中医是很难预知的。又如肝炎病儿临床出现黄疸的中医容易认清，可如果属于无黄疸型的肝炎，单凭中医方面的检查，就又很难确诊了。再如急性肠炎与痢疾二病，临症往往相同，没有大便化验鉴别，则不易区分对待。由此可见，只重中医，不懂西医，不仅会影响到疾病的诊断与治疗，而且还是关系到疾病预防与巩固的重大问题。

相反，只重西医，不用中医，同样会在临床上困难重重。譬如发烧的疾患，现代医学一般都要给予阿司匹林之类的解热药物治疗，有的病人经过一两次服用而热退，但也有不少病人经过多次服用而烧反复不退。何世英指出，这时如果能够结合中医整体观点进行辨证，分析矛盾的特殊性，抓住发烧的实质，给以针对性强的中医药特殊治疗，就有可能迅速扭转局面，提高临床疗效。另外，西医有时遇到某种疾病确定不了诊断，只能停留在对症治疗的水平上，这种对症治疗只能解决局部问题，不能从根本上祛除疾病。而实行中医辨证施治，则可以把消极的一面转化为积极的一面，甚至可以把注定了的“不可逆”也变为可以逆转，有时疾病的痊愈甚至可以走到西医最后诊断的前面。

何世英指出，诊断明确、指标客观、应急措施多是西医之长；辨证施治、灵活性强是中医特点。两者结合起来，扬长避短，发挥优势，就更能提高临床疗效。在儿科临床方面，何世英更是强调中医有很多经验可以补西医之不足。以收治流行性乙型脑炎为例，统计天津市儿童医院 1978 年共收治的流行性乙型脑炎患儿 362 例，通过西医抢救加中药治疗，并以中药治疗为主的中西医结合方法，平均病死率仅 2.8%。又譬如肠麻痹症，西医常需肛管排气，而效果有时并不理想。中医辨证该病有属肺气不宣，大肠壅滞的实证，也有脾阳虚衰，运化失调的虚证。对于前者应用“小儿一捻金”或“牛黄夺命散”，对于后者则以温脾消胀之剂内服，常常能收到立竿见影的效果。再如，清热利湿法治疗新生儿高胆脂血症；凉血散瘀加镇摄法治疗小儿过敏性紫癜；清热解毒、逐瘀化浊法治疗肺脓疡；淡渗祛湿、驱风止痒法治疗小儿顽固性皮肤过敏疾患等，对于这些西医西药治疗相当棘手的病症，中医药的疗效也都非常突出。

大力提倡中西医结合，这与何世英的临床实践是分不开的。在天津市儿童医院工作的30年中，他曾多次参与急、危、重症病人的抢救工作，这让他更深切地体会到中西医结合的重要性。譬如：中医在治疗流行性乙型脑炎上，固然有它的辉煌成就，但也不能否认它存在一定的缺点，当病人发生吞咽困难、痰涎壅闭、呼吸急迫的时候，是难以接受中药治疗的，须要通过鼻饲、吸痰、输氧等各种西医的辅助疗法，在病人循环衰竭时，更要注射强心剂，方能使其维持生命。也就是说，流行性乙型脑炎重笃病人在某种特殊情况下，唯有得到适当的西医辅助，才能给中医药充分发挥作用留出机会。再譬如急性传染性多发性神经根炎的患儿，很容易出现呼吸肌麻痹，西医的气管插管和抢救措施是挽救病人生命的前提和依据，在这个前提之下，再结合中医辨证论治，合理用药，才有可能更快更好地挽救病人生命、解除病人痛苦。在这里，中西医密切配合，特别是积极发挥西医的抢救作用，至关重要。

由于在自己的医疗实践中，一次次地目睹了中西医结合所创造的奇迹，而这种奇迹是无论单纯西医药还是单纯中医药都不可能取得的，因此，何世英不止一次地写到、谈到："对于急性病、对于流行性乙型脑炎、对于多种凶险的传染病乃至对于儿科常见多发病，中西医配合得好，治愈率就高，反之则低下。"言语虽简单，但源于亲身的实践，发自肺腑，掷地有声。

对于中西医结合的途径和方法，何世英也有他独到、丰富的见解。他强调西医辨病与中医辨证相结合、中西医诊断方法相结合、中西医理论相结合、西医物理疗法与中医相结合、中西药物相结合以及中西医专家团结协作等等。

首先，关于西医辨病与中医辨证相结合，何世英认为这是中西医结合比较行之有效的途径。因为中医病名少，诊断失于笼统，所以应当借鉴现代医学的方法，达到辨明病症的目的，所谓“西医辨病”，可以使我们对疾病首先做出正确的现代医学的诊断，不至于贻误病情，然后再通过中医辨证施治的方法，抓住疾病的症结，对证选药，有的放矢，这样才能在治疗上取得良效。对于这一结合方式，何世英曾反复告诫身边的同道，作为一名中医，越是想搞好中西医结合，越是要紧紧抓住中医辨证论治的精髓不放，一定要坚信中医学认识疾病的方法和理论，坚持用自己的理论指导实践，而绝不能一味地让西医的诊断牵着鼻子走，那样就显示不出中医的优越性，也达不到中西医结合、更好地治愈疾病的目的。

其次，中西医诊断方法的结合。中医儿科明显地存在着诊察方面的缺陷。自古儿科又称哑科，是因为小儿既不能自诉病情，家属反映的情况也不见得完全可靠；另外，小儿情绪容易激动，脉象也不稳定；再者，儿科的特殊诊法指纹观察法，又存在标准难以掌握的缺点。因此，中医儿科诊察方法必须扩大，诊察指标必须力求客观化，这就要求我们适当结合西医的诊察方法。何世英指出：几十年前中医儿科很少使用体温表，现在不是普遍应用了吗？为了便于了解呼吸道疾患病情的轻重以及心功能情况，中医儿科工作者也没有理由拒绝采用听诊器。只有从病人实际出发，打破保守，虚心采纳西医之长，补中医之短，才能有助于促进中医的发展。

第三，中西医理论相结合。何世英早在华北国医学院就读时就受施今墨的影响，钻研中医的同时也研习西医基础理论。他多年来将中医对疾病的认识与西医的病理学相对照、比较和分析，于20世纪50年代初撰写了《新中医病理学讲义初稿》。一本8开168页的手抄本书籍，笔迹工整娟秀，映照出一位怀有真正科学态度的医者、一位不断探索和创新的学者的一片丹心。在以后多年的临床中，何世英更是多次地讲到中西医理论的相互借鉴和结合使用的问题，譬如《中医对休克的认识及治法》、《从中医的特点谈中西医结合对急症危重病的治疗研究》等文章。对于他临床接触比较多的流行性乙型脑炎的病症，更是提出过具体的中西医理论结合的方法，即以中医的症状、舌脉等，结合西医检查结果，比如脑膜刺激征、体温、深浅腱反射、肌张力、病理反射等等进行中医分型，制定每型的用药基础方剂，进行临床观察，观察止抽、退热及神志转清的天数，总结中西医结合治疗哪型疗效更好。

第四，中医结合西医的物理疗法，探讨西医物理疗法与中医学的相通之处。何世英在临床中看到，对于一些严重高烧的病人，在中药采用苦寒清降法的同时，病房多使用冰敷的办法物理降温，并没有发生不良的后果，有时采取腋下、鼠蹊并用冰敷的办法，还可以使得高烧急速下降，当然这种办法不能控制热势的复燃，但起码能给中药以发生作用的机会。热病体外加冷，在两千年前，我们的祖先们就已经认识到这一问题，如《黄帝内经》就说："治诸热病，以饮寒水……必寒衣之，居此寒处，身寒而止。"就充分说明了这一点。当然，何世英也指出：使用物理降温要注意温邪表解的问题，以免温邪内攻，病情加重。"拿来主义"，凡是别人有用的东西，我们都应该"拿来"为我所用，这正是何世英务实精神的体现。

第五，中西药物的结合。首先，结合西药的制剂方法，改进中药制剂。何世英认为，中西药物的结合在儿科方面尤为重要，特别是中药剂型的改进，更需要用西医之长补中医之短。对于儿科中成药若干剂型的创新和改造，就是何世英借鉴西药制剂学的亲历实践。其次，充分利用西药药理学的知识，开拓出中药治疗的新领域。何世英对于现代药理学的知识很精通，且他常常将现代药理学已经肯定的某些中药的有效成分灵活运用于辨证施治中，效果非常之好，此可谓是合璧中西的典范。有一个验例就很能说明问题。

张某，男，3 岁。其母代诉，大便泄泻一年，色黄，屡次做大便化验有脓球、红细胞，走遍全市各大医院均治疗不效。现腹痛，泻后则痛减。何世英诊断其属于慢性痢疾，中医辨证属于虚实夹杂。选用诃子肉 6g，肉豆蔻 6g，木香5g，川黄连6g，血余炭10g，炒泽泻10g。服3剂。

二诊：其父母携幼儿来诊，大悦，谓服药后腹痛已除，泻痢已止，患儿精神好转，纳食已香，大便每日一次，为软便。何世英嘱其继服上药，效不更方，并连续每周两次检查大便，连续三周，无异常发现，则为治愈。何世英后来分析其方时指出，本方所以灵验，除中医辨证严谨，用药精当外，从现代药理学角度看，黄连主要含有小檗碱，属于异喹啉类生物碱，经临床验证，它对细菌感染及其他病原体感染有效，故方中选用黄连，一举取效。

另外，对于多种过敏性疾患，何世英总是使用镇摄收敛的生龙骨、生牡蛎等含钙成分的药物，使荨麻疹、过敏性紫癜、过敏性紫癜性肾炎及皮肤瘙痒症的治疗效果明显提高，这也与他了悟这些中药的化学成分分析密不可分。

第六，与西医同道们共同切磋，研究制订

治疗疾病的方案。像前面提到的很多协定处方，何世英均是在与西医专家同道，以中西医两种理论，研究、分析、探讨疾病的病因、病性、病机、病理后，反复推敲确定的，这也是这些方剂切中临床，疗效确实可靠的一个重要原因。在天津市儿童医院工作期间，他专门聘请了院内著名的西医内科专家到中医科定期查房讲课，他也借此机会向他们虚心请教、认真学习，充分体现了一位中医大家的风范。

坚持中西医结合，在临床中真正切实地做到中西医结合，并且深深地体会到中西医结合巨大优势的何世英，并不想到此为止，作为津门一代名医，作为全国知名的学者，他还要为中西医结合的推广奋臂疾呼。在多个场合、多篇文章中，何世英反复地、专门地讲解中西医结合的优势和必要。

例如 1964 年，在华北地区中医学术经验交流会上，何世英宣读论文《中西医结合治疗流行性乙型脑炎中医方面的临床体会》；1975 年在宁夏回族自治区，做了“谈谈临床中西医结合”的学术报告；同年 9 月在延边朝鲜族自治州延吉市做了“新生儿疾病能不能搞中西医结合”的学术报告；1978 年在天津市中医学会学术年会上宣读《中西医结合治疗儿童紫癜 45 例近期疗效观察》的论文。何世英在天津市卫生局 1989 年组织编写的《天津卫生事业四十年》中发表的文章《中医学理论重见光明》，集中反映了他的探索和思考。在这篇文章里，他从辩证唯物主义理论和现代科学技术当中的控制论、遗传学、解剖学、免疫学、分子生物学、医学气象学、时间医学、人类生命科学各个学科角度来诠释中医“阴阳五行、五脏一体、天人合一”这一沿袭千百年的传统理论和学说在内涵上所具有的科学性。在结论里，他引用毛泽东主席的话“中国医药学是一个伟大的宝库，应当努力发掘，加以提高”，然后提出自己的观点：“我认为在走向未来的我国新医药学之前，中医和西医都要大发展，都要现代化。没有中西医的现代化，谈不上中西医真正的结合，更谈不上发展成为新医药学。”他认为：所谓“新医药学”应是中医、西医两大生物医学体系从自然渗透到未来高度融合所形成的具有中国特色的新的医药学体系。这一新医药学体系的形成和发展，不仅造福于中国一个国家、一个民族，而且是对世界医学乃至全人类的贡献，是中国医学界一代人甚或几代人神圣的使命，是一项远非子承父业、一门一户、一省一地所能完成的光荣而艰巨的大事业。

中国工程院院士、天津中医药大学校长张伯礼在谈到何世英时，十分感慨地说：“何老是我最敬重的先师和长辈。20 世纪 70 年代初，何老给我们授过课，所讲内容，理论联系实践，非常生动且风趣。我在儿童医院又跟何老抄方实习一年有余。这段经历使我终生难忘。何老博采众长，知识渊博，功底深厚，见解独到，在医德上堪称楷模，在医术上堪称大师，是著书立说卓有建树的学者，是中西医结合的倡导者和实践者，是中医药学理论体系现代研究的开拓者之一，尤其是在中医脑病理论和临床学术研究上作出了重大、突出、历史性的贡献。对何老的医学遗产和精神遗产要进行全面、深入和抢救性的发掘、整理，使其得到传承、发扬和光大。”

遗憾的是，何世英一生呕心沥血，积劳成疾，在壮心不已、才思横溢地攀登事业巅峰的时刻，意外中风夺去了他的生命。中风的那天晚上，他在家里与中医学会同仁研究活动安排，直到午夜时分。当时正值早春三月，暖气未断。客人走后，何世英异常兴奋，觉得屋里太热，随手将风窗打开躺到了床上。两个小时后，二女儿到父亲何世英的卧室去关风窗时，发现床头灯还亮着，一本《PC 计算机入门》的小册子掉在地上。何世英在床上挣扎着想说话，但身体已不听使唤，话也说不出来了，时间是半夜两点钟。两个月后的5月8日，何世英与世长辞……

尽管没有子女继承他的事业，尽管有人对他忙碌大半生追求“新医药学”的梦想可能不理解，但是，如果何世英在天之灵看到弟子和学生们在天津、在全国各地已经成为中医学事业的骨干和精英继续着他未竟的事业，尤其是看到不仅中医在努力向西医学习、世界各国的西医也在越来越多地向博大精深的中医学习，一生呕心沥血为之拼搏奋斗的“新医药学”之梦已经飞越中国的国界，向世界新医学的方向腾空而去，一生的辛苦一定会化作欣慰的泪水，变作甘霖洒向人间。

（撰稿人　薛　筠　何其行　杜文娟）

《中华中医昆仑》丛书150位医家名录

（按生年排序）

张锡纯	丁甘仁	萧龙友	王朴诚	恽铁樵
曹炳章	冉雪峰	谢　观	施今墨	汪逢春
孔伯华	黄竹斋	吴佩衡	蒲辅周	陈邦贤
李翰卿	李斯炽	姚国美	陆渊雷	张泽生
时逸人	张梦侬	叶橘泉	王聘贤	陈慎吾
邹云翔	赵炳南	承淡安	余无言	刘惠民
岳美中	沈仲圭	秦伯未	赵锡武	韦文贵
程门雪	黄文东	赵心波	董廷瑶	吴考槃
章次公	石筱山	陆南山	张赞臣	李聪甫
刘绍武	陈存仁	朱仁康	陆瘦燕	姜春华
韩百灵	高仲山	李克绍	王鹏飞	刘春圃
金寿山	哈荔田	何世英	周凤梧	干祖望
关幼波	王为兰	任应秋	罗元恺	祝谌予
杨医亚	郭士魁	何时希	耿鉴庭	俞慎初

裘沛然	顾伯华	江育仁	邓铁涛	门纯德
刘渡舟	尚天裕	朱良春	李玉奇	程士德
尚志钧	赵绍琴	董建华	米伯让	李辅仁
张珍玉	班秀文	颜正华	于己百	颜德馨
路志正	方药中	王乐匋	黄星垣	谢海洲
余桂清	何　任	王子瑜	程莘农	陈彤云
焦树德	张作舟	张　琪	李寿山	张镜人
王绵之	方和谦	印会河	王玉川	蔡小荪
李振华	马继兴	王嘉麟	宋祚民	刘弼臣
王雪苔	刘志明	吴咸中	李今庸	任继学
裴学义	王宝恩	周霭祥	贺普仁	唐由之
赵冠英	许润三	金世元	陆广莘	刘柏龄
徐景藩	吉良晨	吴定寰	沈自尹	王孝涛
张灿玾	周仲瑛	强巴赤列	张代钊	李经纬
郭维淮	柴松岩	苏荣扎布	陈可冀	李济仁
夏桂成	郭子光	巴黑·玉素甫	张学文	陈介甫